Peter Butschkow

Überleben
mit Männern

Lappan

Der Autor: **Peter Butschkow,**
in Cottbus geborener Berliner.
Lebt als Mann an der nordfriesischen
Küste in dörflicher Gemeinschaft
im Kinder-sind-aus-dem-Haus-Haus.
Zeichnet und schreibt im Rhythmus
der Gezeiten.

© 2009 Lappan Verlag GmbH
Postfach 3407 · 26024 Oldenburg
www.lappan.de, E-Mail: info@lappan.de
Druck und Bindung: Proost International Book Production
Printed in Belgium
ISBN 978-3-8303-3240-4

Der Lappan Verlag ist ein Unternehmen
der Verlagsgruppe Ueberreuter, Wien.

Liebe Frauen!

Mein Mann, unser Mann, guter Mann, ganzer Mann, der Mann spielt sich in den Vordergrund, wo er kann. Kann er haben.

Längst schon steht ihm der Wind auf der Stirn und bläst nicht mehr gemütlich von hinten. Und das ist gut so. Lange genug hat er haarsträubenden Unsinn verbrochen und trägt die Hauptschuld für den Zustand unserer Welt.

Aber selbst in großen Vorwürfen findet er sich ja noch eitel wieder. Doch was wäre der Mensch, hätte er nicht den Humor? Wie ein Rettungsring wacht der darüber, dass die Frau in ihren ewig unbeantworteten Fragen an den Mann nicht im Wahnsinn ertrinkt. Eine große Quertreiberin sagte einmal: „Männer sind so männerlich." (Sie lebt heute mit neuer Identität im Ausland. Männer können ja so rachelustig sein.) Wie viel kluger Witz – und Trost – steckt doch dahinter.

Aber, so höre ich die Frage, wie kann ein männlicher Autor ein Buch für Frauen machen? Geht ja gar nicht. Ist er denn schwul oder gar homosexuell? Gewiss nicht! Wer, bitteschön, kennt denn wohl seine Spezies besser als ein Gleichgeschlechtlicher? Und das beantwortet wohl auch die Frage, ob es sensible Männer gibt. Versucht es mit ihnen, Frauen, es gibt nichts anderes. Hunde haben auch ihre Zicken.

Viel Spaß! Immer der Eure.

Der wahre Grund, warum es Männer auf die höchsten Berge treibt.

Inhalt

Der Mann als solcher 10

Männer und Autos 14

Must have 17

Männer und Sport 20

Die „Geht-ja-gar-nicht-Liste". 22

Männer und Prioritäten 23

Männer und Bäuche 25

Männer in freier Wildbahn 28

Männer und Handwerk 35

Warum? 37

Männer und Triebe 38

Balzende Männchen anderswo 40

Liebe Frauen! 42

Der Mann und sein Männchen 44

Neue Bücher 47

Männerherz 48

Was Männer an Frauen schätzen 50

Männerfrauen im Jahre 1955 52

Die starken Frauen 55

Männerfreunde .59

Der Mann als solcher

Es gibt die verschiedensten Thesen über die Herkunft und Geschichte des Mannes, einige meinen, sie hätten ihn zum ersten Mal im Paradies getroffen, andere sagen, er wäre eines trüben Tages über die Erdkrümmung geschritten, er sei einfach so, von heute auf morgen, erschienen. Die russische Primatenforscherin, Frau Professorin Svetlana Schimpanski, ist hingegen der festen Überzeugung, die Erde wäre einst nur von einträchtig miteinander lebenden Frauen bevölkert gewesen, bis der Mann in einer Invasion aus ferner Galaxie gelandet sei und seitdem versucht, sich Erde und Weib zu unterwerfen. Auch der Ursprung des Wortes „Mann" ist nicht ganz klar. In den Spielhöhlen von Mad Scho, einem unterirdischen Stalaktiten-System im Norden Chinas aus der Zeit der großen Euphorie, ca. 100 000 vor Christi, fand man eine Toilettentür mit der eingemeißelten Bezeichnung „Ma Han". Auch ein gut erhaltener Wandkasten aus Urinstein, in dem sich noch Reste von Kautschukteilen befanden, schien zu bestätigen, dass es sich hier um den ersten Gummiautomaten der Menschheit handelte und somit um eine Herrentoilette, also eine fäkale Entsorgungsgrotte für eine männliche Person. Aus „Ma Han" wurde dann auf verbalen Wegen durch unsaubere Übermittlung von Asien nach Europa endgültig unsere heutige Bezeichnung „Mann". So weit so gut.

Einig sind sich aber alle darin, dass der Mann Mann ist. Inwieweit er sich vom Weib unterscheidet, das ist das spannende Thema, an dem sich die beiden Geschlechter täglich wieder neu entzünden, ganz besonders, wenn sie sich entschieden haben, Bett und Leben zu teilen. Wie zwei gleichberechtigte Gesellschafter, die sich um den Wert ihrer Anteile balgen. Ein kluger Kopf sagte mal, gerade dieses Spannungsfeld sei ja in einer längst erkundeten und vermessenen Welt die noch einzige Unbekannte und damit der wahre Herzschlag unseres Seins. Der ultimative Kick, das Abenteuer schlechthin, gegen das eine Besteigung des K2 die reinste Kaffeefahrt ist. Aber wo auch immer der Mann in welchen Gesellschaften auftritt, he's

Rohling Mann

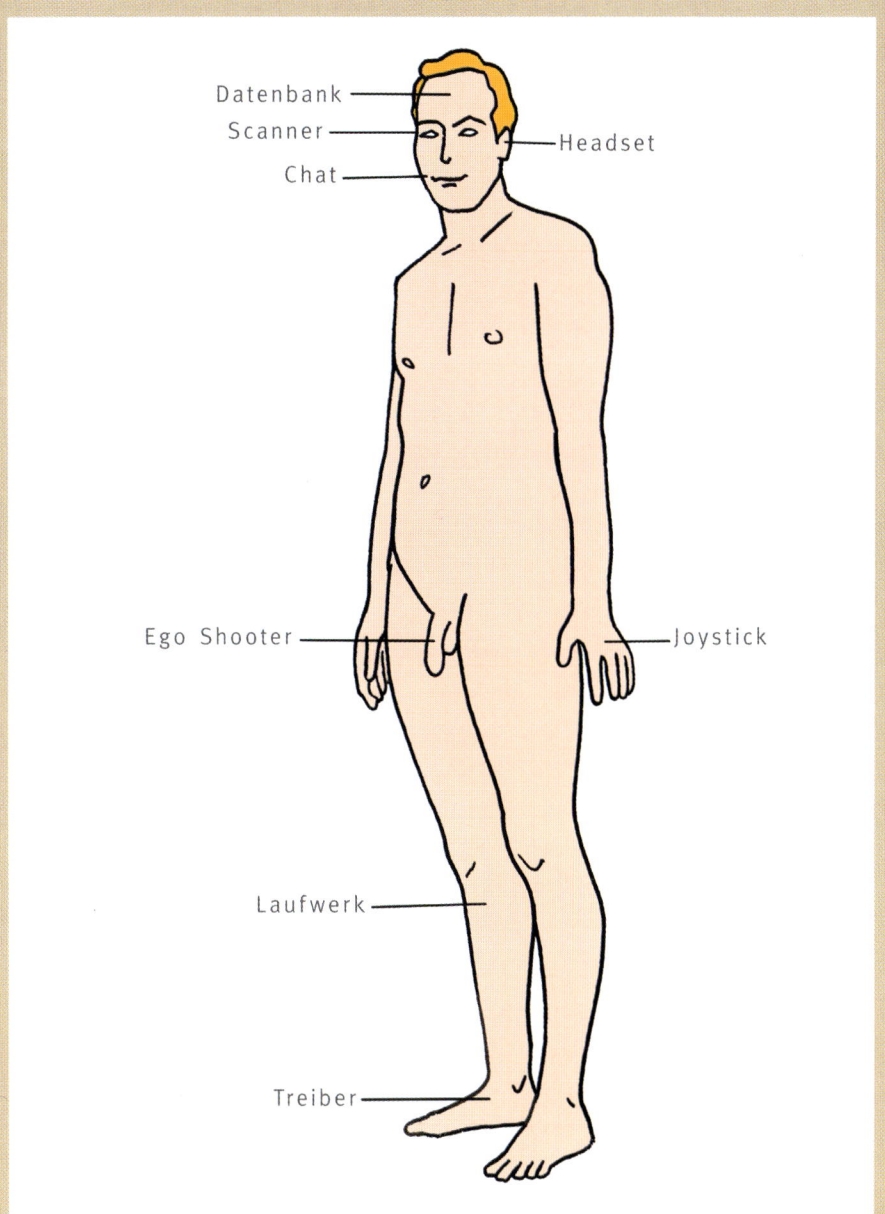

Datenbank

Scanner

Chat

Headset

Ego Shooter

Joystick

Laufwerk

Treiber

the boss! Woher, bitteschön, leitet er diesen Anspruch ab? Weil er zwei volle Bierkästen tragen oder tiefer brüllen kann? Oder gar, weil er, anders als die Frau, Zipfelträger ist? Die paar Gramm mehr berechtigen ihn zur Führungsrolle?

Amerikanische Forscher starteten mal einen Versuch, sie setzten sechs Männer und sechs Frauen auf einer einsamen Insel aus. Nach einem halben Jahr hatten die Männer alle Palmen geschlagen und daraus eine Beach-Bar und eine Hebebühne gezimmert.

Die Frauen hingegen flochten sich aus Palmenblättern ein Boot, machten Kultur-Ausflüge zu anderen Inseln, vor jedem Sonnenaufgang ihre morgendlichen Yogaübungen und lernten die Sprache der vorbeiziehenden Wale. Als der Versuch nach einem Jahr beendet wurde, kehrten sechs ausgezehrte, vergammelte Männer und sechs blühende Frauen in die Zivilisation zurück. Ist dem noch was hinzuzufügen?

Aber die Frauen werden die Männer nicht im Stich lassen, weil sie die Männer ja schon noch hier und dort gebrauchen können, außerdem trägt das Weib die Güte und Liebe eines Geschlechtes im Herzen, das zur Herstellung menschlichen Lebens auserkoren ist. Da läuft so ein aufgeplustertes Männchen locker nebenbei mit. Konzentriert kämpft sich die moderne Frau an die Tröge. Heute sieht man schon eine dralle Blondine am Steuerknüppel eines A380 oder den weiblichen Feldwebel, wie sie eine Kompanie schlaffer Männer in den Staub befiehlt. Die Frau kommt.

Trotzdem, der Mann ist ein einzigartiges Wesen mit enormen Stärken und wundervollen Macken, er ist es alle Male wert, sich näher mit ihm und seinem kruden Wesen zu befassen und sich von Herzen über ihn lustig zu machen. Lassen wir ansonsten doch dem Weib die Venus und ihm den Mars, zu sehr aneinander kleben war schon immer der Tod der Liebe. So können Mann und Frau sich je nach Lust und Laune entspannt auf dem Saturn treffen und eine Menge Spaß miteinander haben.

Paradies, 9:45 Uhr: Adam beginnt sein morgendliches Balzprogramm:

Männer und Autos

Die zwei schönsten Plätze des Mannes? Im und unter dem Auto. Schon in ältesten Zeiten lenkten Männer Karren, Kutschen oder Kampfwagen. Die Freude, ein rollendes Objekt zu steuern, scheint ihnen in die Wiege gelegt zu sein. Davon jedenfalls sind sie überzeugt. Eltern männlicher Kinder verschafften sich früher Freizeit von der Kinderhütung, indem sie ihrem Nachwuchs kleine Spielzeugautos schenkten. Damit waren die Kleinen ganz im Fahrspaß versunken und Mutti und Vati konnten auch mal wieder miteinander spielen. Heute hat in der Hauptsache der Computer diese Ablenkung übernommen, das aber in einem solchen Maße, dass die Eltern immer mal wieder ins Kinderzimmer schauen, ob ihre Kleinen noch leben.

Schon das erste Wort, das ein neugeborener Junge spricht, ist „Audo!", gefolgt von „Händi!" und dann „Mägdonnälls!". Die drei Kulturpfosten der Neuzeit. Den Bruder meiner Lebensgefährtin, so erzählte sie, hat es schon im Krabbelalter wie magisch an die Auspuffrohre gezogen, an denen er lustvoll schnüffelte wie das Schwein nach den Trüffeln. Konsequenterweise ist aus ihm ein Autosachverständiger geworden. So also schmolzen bei ihm Leidenschaft und Beruf harmonisch ineinander. Ein Glück, wer so was sagen kann. Ich habe mich im Leben nie für Autos interessiert, jedenfalls nicht für ihr Innenleben, was mich in meinem männlichen Freundeskreis auch zum fehlentwickelten Außenseiter stempelte. Nur als Kind bei langweiligen Reisen im elterlichen Auto beteiligte ich mich an dem lustigen Autokennzeichen-Ratespiel: „Woher kommt das Auto da mit den Anfangsbuchstaben GNT?" Daraufhin würden Mädchen blitzschnell antworten: „Aus Germany's Next Topmodel!"

Ich kenne keinen Mann in meinem nahen und weiten Umfeld, der von sich sagt: „Autofahren? Kann ich ja nun gar nicht. Ich fahr so schlecht Auto, glaubst du nicht!" Entweder er fährt super Auto – oder er hat gar keinen Führerschein. Dazwischen gibt es nichts. In Wirklichkeit fährt ein nicht unbedeutender Teil meiner Freunde grauenvoll Auto. Ich merke es immer da-

ran, dass mir schlecht wird. Ihnen fehlt jeder harmonische Fahrrhythmus. Fast alle Männer fahren gerne offensiv und sportlich, Fuß und Gas sind für sie siamesische Zwillinge. Immer schon haben sich die Autohersteller in ihrer Werbung auf den Mann eingeschossen und preisen ihre Produkte mittels der allerneuesten visuellen Tricks, vorrangig die Kraft und Stärke ihrer technischen Glanzstücke. Wie brüllende Löwen stürzen sie sich von der grünen Ampel, krallen sich wie mächtige Eisbären in den Schnee und beißen sich stur wie ein zäher Gemsbock die Berge hoch. Ich warte noch auf den Werbespot, in dem sich ein eingekeiltes Auto im Stau wie ein fauchender Flugdrachen aus der Blechschlange löst und mit kraftvollem Flügelschlag die starre Autokolonne auf der Baustellentrasse neidvoll zurücklässt.

Frauen sieht man hingegen in der Autowerbung in kleinen, knubbligen Autos hauptsächlich zum Shoppen oder in den Kindergarten fahren. Wie viel PS unter ihrer Motorhaube lauern, interessiert sie überhaupt nicht, Hauptsache das Scheißerchen fährt und sie können in Ruhe mit ihren Freundinnen telefonieren. Für sie ist ein Auto ein gemütliches Sofa, auf dem man wundervoll von Punkt A nach Punkt B fahren kann – und das möglichst vorsichtig. Denn eher verunglückt sie bei ihrer Morgengymnastik als in einem Unfallauto. Doch das größte Unglück aller Frauen ist der Mann als Beifahrer. Denn alle Männer haben die natürliche Befähigung zum Steuerberater. Mit der Einnahme des Beifahrersitzes lassen sie der fahrenden Frau automatisch, fließend wie der Straßenverkehr, ihre kostenlose Steuerberatung zukommen. Millionen von Autofahrerinnen wüssten nicht, wo sie den Zündschlüssel reinstecken sollten, hätten sie nicht ihren Steuerberater zur Seite. Ein Teil von unbelehrbaren Frauen, die es täglich dennoch wagten, alleine Auto zu fahren, gilt als verschollen. Man vermutet, dass sie hilf- und orientierungslos ins Meer gestürzt sind. Das aber soll die Frauen nicht verschrecken! Auch wenn Hohn und Spott der aufgeblasenen Highway-Helden sie verfolgen, irgendwann kommen die ja auch mal nach Hause, wo sie flugs auf Normalgröße zurückschrumpfen und fiepsend um Nahrung betteln. Als ich unlängst als Steuerberater bei einer guten Bekannten mitfuhr, wurde sie arg von einem ungeduldigen Trucker bedrängt. Sie schrieb ihm einfach eine coole SMS: „Wasch dich mal wieder, du stinkst nach Diesel!"

Must have

Was trägt die Frau in ihrer Handtasche?	Was trägt der Mann in seiner Hosentasche?
Tampon To Go	Internationaler Flaschenöffner
Frischen Slip	Handy, Navi, Funki
Teebeutel Rooibos-Vanille-Sahne	Eingeschweißtes Sülzkotelett
Pille danach	Trockenrasierer mit Harleysound
I-Pod mit Kuschelrock	Visitenkarten von George Clooney
Gefälschte Geburtsurkunde	Sortiment Imbusschlüssel
Keimfreie Klobrillenauflage	Foto seiner Mutter
Dosenschuhe	Fan-Kondome von Bayern München
Wörterbuch Deutsch-Männerdeutsch	Getrockneter Wolfskot
Foto von Knut	Viagra, Cialis, Levitra
Brusthaar vom ersten Liebhaber	Taschenflasche mit Motoröl
Heizbare Söckchen	Falschgeld für Parkuhr
Handschmeichler	Dauerkarte für die IAA
Handy mit leerem Akku	Benzinspender-Ausweis
Migränezäpfchen	Grillanzünder
Lippenstift mit eingravierten Passwörtern	Zusammenfaltbares Bierglas
Trockenkrill zur Walfütterung	Rose aus Kunststoff
Autoschlüssel vom vorletzten Wagen	Schnupf-Sägemehl, Duftnote „Kiefer"
Duftkerze „Wilder Bärlauch"	Einmalkrawatte
Männerabwehr-Spray	Ausredenkatalog

Auch in Millionen Jahren evolutionärer Entwicklung
hat der Mann sich nicht an das Bett als Ruhestelle gewöhnt.
Sein Schlafplatz ist immer noch in der Herde, aufrecht,
mitten im Herzen seiner Lieben. Vermutlich braucht er
die Möglichkeit, von einem zentralen Platz aus potenzielle
Eindringlinge oder Nebenbuhler abzuwehren, und wenn es
nur der GEZ-Schnüffler ist. Als Entspannungsmedium dient
ihm hier besonders das Fernsehen, das sich eindeutig
auf fast allen Sendern mit seinen maßgeschneiderten
Programmen mehr und mehr diesem Bedürfnis der
männlichen Zuschauer anpasst. Nur bei Werbeblöcken
sucht man noch nach einer Lösung. Ein kurzer Wecklaut
in Ultraschall-Frequenz ist in der Diskussion. Die Frau
hingegen ist gut beraten, die Schlafmütze sanft zu wecken.
Ein erschreckter Mann kann tagelang schlecht gelaunt sein.

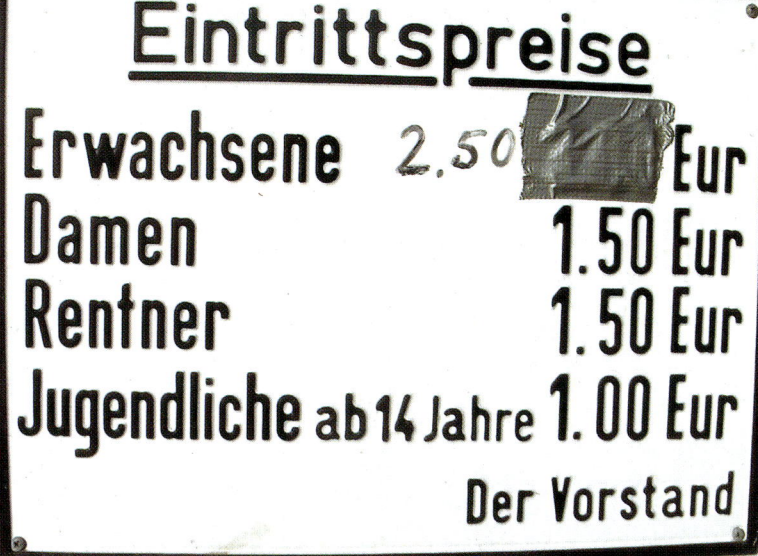

Eintrittspreise

Erwachsene	2.50 ~~~~ **Eur**
Damen	**1.50 Eur**
Rentner	**1.50 Eur**
Jugendliche ab 14 Jahre	**1.00 Eur**

Der Vorstand

Dieses unverfälschte Schild am örtlichen Fußballplatz beweist die geschmeidige Anpassung der Verantwortlichen an die neuen gesellschaftlichen Gegebenheiten. Stand früher noch „Frauen kein Zutritt" auf den Schildern, um dem weiblichen Geschlecht rigoros den Zugang zur Männerdomäne Fußball zu verwehren, so musste man in der neuen Zeit in unserem Land wohl der Tatsache Rechnung tragen, dass deutsche Frauen 2003 in den USA, sowie 2007 in China, Weltmeisterinnen im Damenfußball wurden. Von Stund an erhielten alle Damen auf allen Ligaplätzen der Republik eine Damenvergünstigung von einem Euro gegenüber dem Mann. Gleiches gilt für die Gruppe der deutschen Rentner, die sich erst 2002 im Endspiel im Thermalstadion von Baden-Baden die Fußball-Europameisterschaft der U65 sicherten. Und warum nun Jugendliche generell bevorzugt werden (1.– Euro!), die schließlich Pokale nur aus den Vitrinen kennen, stößt allgemein auf völliges Unverständnis. Eine anonyme Anzeige ist bereits eingegangen.

Männer und Sport

Zu der angeborenen Triebkraft des Mannes gehört die Kampfeslust. Mag die historisch auch noch so in der Rolle begründet sein, dass der Mann von jeher sein Weib, Kind und Hab und Gut vor Feinden schützte, so verwundert es einen immer wieder, mit welch verbissenem Ehrgeiz er heutzutage diese Eigenschaft auch im privaten Bereich lebt, hier bevorzugt natürlich im Sport. Da schlägt er seine kleinen, persönlichen Schlachten. Eben noch ausgeglichene, aggressionsfreie Charaktere verändern sich auf dem Sportplatz zu dampfenden Kampfmaschinen. Zielscheibe ihres Zorns ist das Ergebnisverständnis ihres Gegners oder die Entscheidung vom Schieds- oder Linienrichter, oder einfach nur der objektive Zuschauerkommentar. Zu Objektivität ist ein Mann in diesem Zustand nämlich nicht fähig. Die Schreckensvision, er könne das Spiel verlieren, kommt ihm vor, als würde ihm der Schwanz kupiert.

Diese Angst macht auch vor seiner geliebten Partnerin nicht halt. In vielen Paar- oder Gruppensportarten herrscht ein rauer Ton zwischen den sich eigentlich Liebenden. (Aus der Kammer der Scheidungsanwälte hört man dazu leises Stöhnen.)

Ein gutes Beispiel aus dem alltäglichen Freizeitsport ist die Kombination Mann und Frau auf gemeinsamer Fahrradtour – da fährt der Mann grundsätzlich immer 50 Meter voraus, besonders gern an Steigungen. Er, schnaufend, konzentriert, schwitzend, nicht nach links oder rechts blickend, aber doch ein leichtes Lächeln im Gesicht, das tiefe Zufriedenheit mit seiner Führungsposition und seinem generellen Verständnis von männlicher Leistungsstärke vermittelt. Sie, lustloser, unübersehbar angestrengter in die Pedalen tretend, als könne sie sich jetzt ganz andere Plätze vorstellen, wo sie tausend Mal lieber wäre. Vielleicht mit der Katze auf dem Sofa? Oder in der Badewanne mit Kerzen und einem guten Buch? All das – und eine spezielle Einstellung zum ehrgeizigen Partner im Besonderen – glaubt man in ihren Augen lesen zu können.

Das Sofa des Mannes ist das Siegertreppchen, sein Eros-Center ist der Pokalschrank und die Fotos seiner großen Siege sind seine Tapeten.

Nur wenn er mit den eigenen Kindern spielt, dann maskiert väterliche Güte seine siegeslüsterne Fratze. Doch die verbraucht sich umgehend, wenn er ernsthaft auf die Verliererstraße kommt. In dem Fall streitet er nicht, er ändert einfach heimlich die Spielregeln. Zu seinen Gunsten natürlich.

Die „Geht-ja-gar-nicht-Liste"

Was hassen Frauen an Männern?

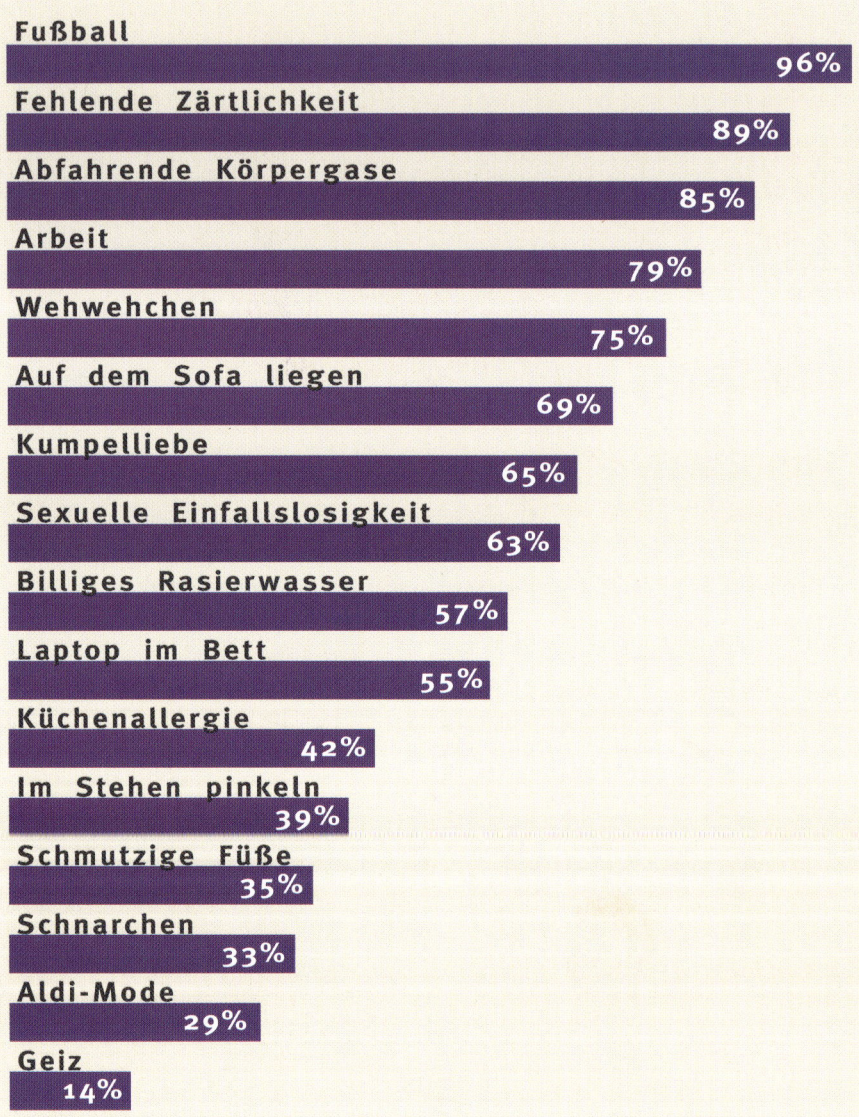

Fußball 96%

Fehlende Zärtlichkeit 89%

Abfahrende Körpergase 85%

Arbeit 79%

Wehwehchen 75%

Auf dem Sofa liegen 69%

Kumpelliebe 65%

Sexuelle Einfallslosigkeit 63%

Billiges Rasierwasser 57%

Laptop im Bett 55%

Küchenallergie 42%

Im Stehen pinkeln 39%

Schmutzige Füße 35%

Schnarchen 33%

Aldi-Mode 29%

Geiz 14%

Männer und Prioritäten

Männer sind manchmal so ganz anders. Die liebevolle Pflege
von kleinen Ritualen, das Speichern von traditionellen
Terminen, insbesondere Geburtstagen, ist ihre Sache nicht.
Niemals hingegen würden sie den TÜV für ihr Auto vergessen,
der Kilometerstand ist ihnen förmlich ins Hirn gebrannt. Auch
den exakten Zeitraum von Fußballwelt- oder Europameister-
schaften haben sie perfekt im Kopf, aber mit anderen Fest-
lichkeiten tun sie sich halt schwer. Hirnforscher machen dafür
den Teil der männlichen Denkmasse verantwortlich, den sie
auch „die emotionale Kabine" nennen. Dieser Bereich ist im
Laufe der Evolution beim Mann durch Jagen und Sammeln
verkümmert, dafür ist ein Bereich des Hirns weitaus stärker
entwickelt, den die Forscher die „rustikale Werkstatt" nennen.
Diese Erkenntnis tröstet die Frau wohl wenig, wenn sie
wieder mal feststellt, dass er ihren Geburtstag schlechtweg
vergessen hat. So sollte sie wenigstens aus dem Versöhnungs-
geschenk rausholen, was rauszuholen ist.

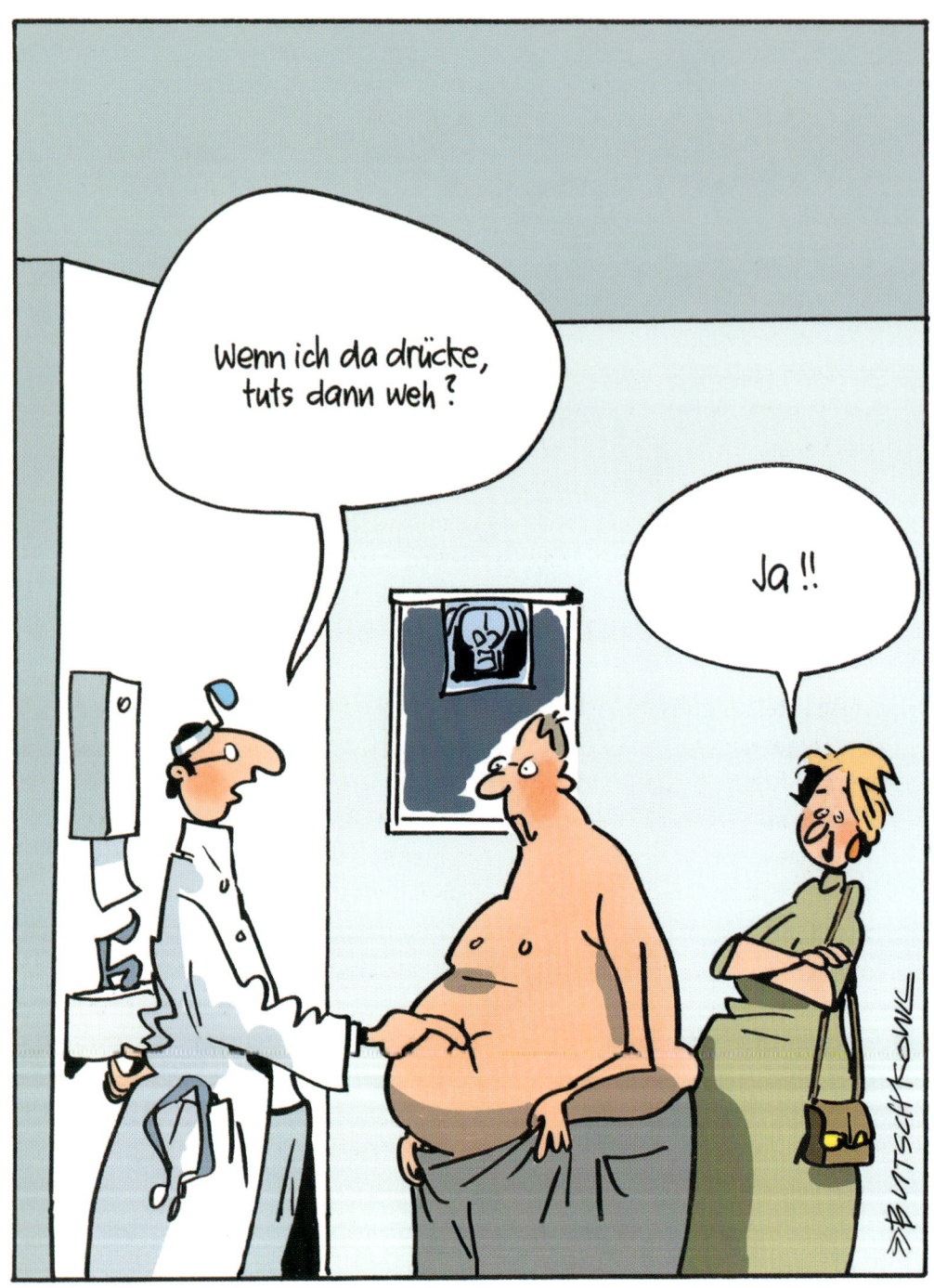

Eine gute Frau teilt mit ihrem Mann Leib und Seele.

Männer und Bäuche

Der Mann teilt seinen Körper in zwei Hälften, in ein Drinnen und ein Draußen. Dem Drinnen gilt all seine Aufmerksamkeit, er füttert es nach Leibeskräften und achtet peinlich darauf, dass es immer schön feucht bleibt. Seinem Draußen schenkt er indessen nicht annähernd so viel Aufmerksamkeit. Das war in seinen jungen Jahren oftmals anders, was damit zu tun haben mag, dass er auf Brautschau war, also gefallen wollte. In dieser Phase stolzierte er in versteckter Eitelkeit vor jedem Schaufensterglas auf und ab und ließ wie zufällig die entscheidenden Hemdknöpfe offen, um interessierten Damen einen ersten Blick auf sein straffes Brust- und Bauchfleisch zu ermöglichen.

Von dem Augenblick an, in dem er sich für die Frau seines Lebens entschied, verknüpft mit dem Gefühl von partnerschaftlicher Sicherheit und Geborgenheit und einem noch weit verbreiteten männlichen Anspruch, Besitzer dieses Weibes zu sein, wendet der Mann sich von Stund an nur noch seinem organischen Inneren zu und lässt seinen Körper links liegen. Draußen schwillt fortan in seiner frontalen Körpermitte ein Organ zu stattlicher Größe, das man allgemein als „Bauch" bezeichnet. Auch die Frau kennt dieses Phänomen, primär aber als Beleg dafür, dass sich in ihrem Bauch grade ein neuer, kleiner Mensch wohlig einrichtet. Diese Wölbung nennen humorvolle Gynäkologen auch „Babyzelle". Im Gegensatz zu ihr, die sich mit dem Auszug des kleinen Untermieters überwiegend auch wieder auflöst, trägt der Mann seinen Bauch, bekannt auch als „Wampe" oder „Brauereifriedhof" weiter – und zwar mit Stolz! Das steht im krassen Gegensatz zum eigentlichen Anspruch der Natur, das menschliche Wesen wohl variabel, aber dennoch ästhetisch zu formen. Jedenfalls ist das ihr lobenswerter Versuch. Insbesondere in den Sommermonaten präsentieren die Männer ihre Fett-Balkone in fast exhibitionistischer Lust. Man hat sogar den Eindruck, dass sie diese durch Atmung und Körperhaltung noch ganz bewusst zusätzlich aufblasen. Woher nur stammt dieses strotzende Selbstbewusstsein? Dazu liegt uns nur ein Forschungsergebnis der amerikanischen Männerforscherin

Betty McShaver vor, die zwei Jahre in Tonga in Polynesien lebte. Leider sind ihre Ergebnisse wissenschaftlich nicht zu verwerten, weil ihr durch die Heirat mit einem Stammeshäuptling jede Objektivität verloren ging. Was soll man auch von solchen Erkenntnissen halten: „Der Polynesier genießt es, wenn ihm das Weib so lange mit kreisenden Bewegungen gegen den Uhrzeigersinn seinen mächtigen Bauch streichelt, bis er eingeschlafen ist." Weitere Thesen besagen, dass der Mann eigentlich zutiefst auch schwanger werden möchte. Eher spricht alles für die Ansicht des dänischen Verhaltensforschers Als Unsen, der den wahren Ursprung des männlichen Bauchkults wieder mal in der Natur sieht. Hier, unter den Tieren, blasen sich die Männchen immer dann auf, wenn es um Kampf – oder um ein Weibchen geht. Imponiergehabe, nennt man das auch. Demnach scheint es so, als wolle der Mann durch seine ausladende Körperkontur einen größeren Schatten werfen, gleichsam Größe und Gewicht, und damit Stärke demonstrieren, so dass alle Konkurrenten ihm Respekt und Anerkennung zollen. Als Beispiel diente hier wohl der Kugelfisch, ein putziger Kerl, dass sich enorm aufblasen kann, in dem er mit seiner kräftigen Muskulatur ruckweise Wasser aus der Mundhöhle in die sackartige Erweiterung seines Magens pumpt. Der Mann tut das mit Bier. Dabei steht er aber häufig auf ziemlich dünnen Beinen, was die beabsichtigte Wirkung wiederum schmälert und hier und dort unter den Frauen unverhohlenen Spott weckt. Aber auch das stört die Männer nicht. Sicher auch nicht die jüngste Umfrage des Meinungsforschungsinstitutes TNS Emnid, das ermittelt hat, dass ein dicker Bauch und schlechte Zähne die Liebestöter Nummer eins in Deutschland sind. 7 Prozent der Frauen stören sich daran, dass ihr Liebling zu viel Körperbehaarung hat. Tendenz steigend.

All die unglücklichen Frauen, die nachts neben einem behaarten Zwergwal mit massiver Karies schlafen, beherzigen bitte den Titel dieses Buches: „Überleben mit Männern"! Wenn das allein noch nicht hilft, dann dieser Trost: Eine Frau, die beim Blumengießen das Gleichgewicht verliert und vom Balkon stürzt, ist doch heilfroh, wenn sie auf der molligen Wampe ihres sich im Garten sonnenden Nachbarn landet und nicht auf das knallharte Sixpack eines eingeölten Bodybuilders stürzt. Muss man auch mal von der Seite sehen.

Wir präsentieren die Sieger des Frauen-Fotowettbewerbes:

Männer in freier Wildbahn

Die Jurymitgliederinnen Dörthe Dickfuß (Vorsitzende von GRÜNSPLISS), Anna von Schlick auf der Neese (Chefredakteurin der Zeitschrift QUOTE), Pia Puck (Torwartfrau der Nationalfrauschaft der deutschen Eishockeyspielerinnen) und Lametta Lodenkick (Stuff-Art-Director des Modeherstellers BÖSSIN) hatten es mit der Auswahl nicht leicht. Dennoch, die Entscheidungen sind gefallen. Wir gratulieren herzlich!

Platz 1: *Rüdiger*

Auf dem ersten Blick fast banal eindeutig, doch dann mit Wucht die plötzliche Erkenntnis voll schwärendem Schmerz: Carla, ein Scheidungsopfer! Selten so eindringlich und überzeugend nachvollziehbar, wie angesichts der schonungslosen Symbolik dieser borstigen Kreatur. Rache kann süß – manchmal sogar erstpreiswert sein!

Der Gewinn: Zwei Wochen in der Wellness-Lagune BLUE SARONG auf Bali. Inklusive Begrüßungstee und Schnuppermassage.

Gewinnerin ist: Carla Dorchester-Ölmig aus Hasenfurth.

Platz 2: *Hallende Schritte*

Ein einziges Bild erfasst die ganze verwundbare Einsamkeit des Mannes und seiner streunenden Seele. Wunderschön auch die ornamentale Diagonale des nassen Pflasters, die bedrückende Enge der Gasse, ein Gefühl von scheinbarer Endlosigkeit, gar auch Hoffnungslosigkeit? Wir wissen es nicht. Exakt das macht dieses Foto so faszinierend.

Der Gewinn: Zwei ganze Wochen Halbpension auf der Botoxfarm „Love Lips" in Lippe-Detmold, inkl. Probekorrekturen und kostenloser Ohrenjustierung.

Gewinnerin ist: Britta Schröbele aus Großherzbach

Platz 3: *Die Hand*

Die haarige Männerhand am Zügel von dreihundert Pferdestärken. Der Mann, erwischt im Eldorado seiner Lüste. Die Jury hat geklatscht. Aber wo ist seine rechte Hand, ist die Frage?

Das überlässt Svenjas Foto der Fantasie des Betrachters. Weglassen ist oft schöner als Zulassen.

Der Gewinn: Eine Woche Busfahrt in Komfortsesseln mit FLAKON-REISEN im Greenhound-Bus von Pellworm nach Prag. Höhepunkt ist die Stadtbesichtigung: „Prag der offenen Türen".

Gewinnerin ist: Svenja Jeckel aus Nippel-Urslingen

Platz 4: *Im fremden Revier*

Wie lange muss man auf der Lauer liegen, bis einem so ein Schuss gelingt? Scheuer Mann in wilder Küche. Eine Sensation! Seine leichte Unbeholfenheit, seine Orientierungslosigkeit, sogar die Schreckhaftigkeit klettert einem aus diesem Bild direkt in Mark und Bein. Das Auge ist längst schon sprachlos.

Der Gewinn: Ein einwöchiger Aquarellkurs bei der berühmten Mohnblumenmalerin Brunetta Mandarin in der Villa Maxima bei Porta de Paletta. Unterkunft und Pinselführungen inklusive.

Gewinnerin ist: Nena de Longe aus Wirsinghagen.

Platz 5:
Zum Stammtisch

Die Spannung dieses Bildes packt einen sofort. Wie ein gieriger Schlund frisst die Pforte die zwei Stammtischbrüder. Förmlich mit hineingezogen fühlt sich der Betrachter, eingeladen zu Bier und Schnaps und derben Herrenzoten. Nicht auszuschließen, dass dort noch geraucht wird. Es schaudert einen.

Der Gewinn: Viertägiger Kochkurs beim italienischen Nudelschmied Armando Balsamico. Kleine Einführung in Gemüsekunde und essen mit Fischstäbchen.

Gewinnerin ist: Corinna Motzdusend aus Pirmasens.

Platz 6:
Boys

Zwei junge Sportsmänner nach dem Spiel. Stolz tragen sie ihre Pokaltrommel (oder doch vielleicht Gulaschsuppe?) zum Vereinsbus. Siegertypen pur. Geballte Männlichkeit im Dress der „Atlanta Ballfuckers". Die heimliche Rückenperspektive beweist die mutige Anonymität der Fotografin.

Der Gewinn: Helgolandausflug auf traditionellen Nordseekanus von Husum zur langen Anna. Brechbohnen und Entsorgungstüten an Bord. Ruder sind mitzubringen.

Gewinnerin ist: Bea-Lucia Trutz aus Rostock.

Platz 7:
Matt Hias

Wunderschön, die stumpfe Öde des grauen Sandes im Kontrast zum weißen, pulsierenden Körper. Ein erschöpfter, schwacher Mann, schlafend, verwundbar – erwischt! Grade diese Offenlegung der maskulinen Grenzen ist es, die in solcherart gelungener Ablichtung fasziniert.

Der Gewinn: Eine kostenlose Haarwäsche plus Schuppenanalyse bei Star-Coiffeur Udo Balz. Latte Macciato inklusive.

Gewinnerin ist: Helene Pfundhammer aus Linz.

Platz 8:
Herr Fröhlich

Die Heiterkeit, das Positive in diesem Bild, das hat der Jury gefallen. Männer können eben auch anders. Diesem Gesicht kann man vertrauen. Einen großen dicken Knutschi möchte man ihm auf die Nasenspitze setzen. Schön so. Fotos müssen auch Freude machen und nicht nur der Grübelei Vorschub leisten.

Der Gewinn: Ein Buch „Yoga bei Blähbauch" zzgl. CD und aufblasbarer Übungsmatte.

Gewinnerin ist: Annemarie Rohrdampf-Köster.

Männer und Handwerk

Würden Außerirdische am späten Nachmittag in einer Reihenhaussiedlung landen, sie wären verwirrt. Was bedeuten diese Geräusche? Dort eine kreischende Motorsäge, da der peitschende Knall eines Luftdrucktackers, hier das pulsierende Brummen eines Kantenschneiders – Männer nach Feierabend, ganz in der erfüllten Tätigkeit des handwerklichen Schaffens versunken. Ein Mann muss abends vor sich sehen, was er am Tage geschaffen hat, sonst erscheint ihm sein Leben sinnentleert. Seine Werkstatt ist sein Heiligtum, wie ein Hamster trägt er im Laufe des Lebens immer neue Werkzeuge in sein Nest, bettet sie in Schubladen oder ordnet sie an den Wänden. Wie Trophäen füllen sie die Mauern seines Tempels, jedes Objekt an seinem festen Platz. Er kennt alle mit Namen, mit jedem Teil hat er seine persönlichsten, handwerklichen Abenteuer erlebt. Mit Uwe, dem Akkuschrauber, hat er schon Hunderte von Regalwänden verbunden, Boris, die Knarre, ist immer treu an seiner Seite, wenn er im Motorblock werkelt und Arnold, der Hammer, sein langjährigster Gefährte, der darf nach gelungener Arbeit sogar mal mit ihm unter dem Kopfkissen schlafen.

Sie sind alle wie seine Kinder und wehe, man tut ihnen was an! Es reicht schon, dass die zaghafte Frau sich mal einen Spachtel leiht, um damit ihr verklebtes Rezeptbuch zu öffnen. Erstens möchte er ihn im einwandfreien Zustand zurück haben und zweitens exakt wieder dort, wo die Leihmutter das gute Stück auch vorgefunden hat. Ordnung ist das Stammgesetz aller Werkstätten! Egal, ob im Hobby- oder Profibereich. Mit diesem Kapital an Begabung und Materialien nämlich, erspart der Mann teure Anschaffungen und prägt dazu mit seiner handwerklichen Handschrift den individuellen Stil ganzer Wohnräume. Die stärkste Ausschüttung von Glückshormonen empfindet er, wenn neue Freunde zum ersten Mal die Wohnung betreten und verblüfft fragen: „Unglaublich, hast du das alles selbst gemacht?" Den zweiten Satz: „So sieht's auch aus", flüstern sie sich erst auf dem Nachhauseweg in die Ohren.

Frauen erobern das Handwerk.

Warum?

Warum fahren Männer auf der Autobahn immer links?

Weil sie ohne Leitplanke nicht geradeaus fahren können.

Warum lieben Männer Kampfhunde?

Weil die von ihrer schlechten Kleidung ablenken.

Warum liegen Männer gerne unterm Auto?

Weil sie sich nach den Naturgesetzen
dem Stärkeren unterwerfen.

Warum pinkeln Männer so oft daneben?

Weil ihr Pimmel blind ist.

Warum vergessen Männer immer ihren Hochzeitstag?

Weil sie vergessen haben, dass sie verheiratet sind.

Warum erzählen Männer gerne schmutzige Witze?

Weil sie dann sauber ablachen können.

Warum hören Männer im Auto laut Musik?

Weil sie so während der Fahrt nicht einschlafen.

Warum lieben Männer Schrauben?

Weil sie dann immer an ihre Mutter denken.

Warum furzen Männer?

Weil sie sich dadurch weltweit mit anderen
Männern unterhalten können.

Männer und Triebe

Irgendwie dreht es sich zwischen Mann und Frau ständig ums Vermehren. Gäbe es diese biologische Notwendigkeit nicht, so läge unsere Wirtschaft restlos am Boden. Denn in welcher Form unsere Gesellschaft einen Ersatz für den Unterhaltungswert und riesigen Profit aus der weltweiten bombastischen Darstellungsfülle dieses schlichten Paarungsvorganges finden würde, ist die Frage. Eine lüsterne Biene im Bestäubungsanflug wäre sicher keine Alternative.

So gibt es also zwischen den Geschlechtern diese – kurz „Sex" genannte – interaktive Aktion. Ganz nebenbei gesagt, nicht ganz ohne Lustfaktor, sozusagen als Belohnung für diesen durchaus körperlichen Aufwand, wobei der Mann natürlich den größeren Leistungsanteil davon auf sein Pluskonto gesetzt wissen will. Typisch. Ob aus einfachen Fitnessgründen oder der besagten genetischen Programmierung zur Erhaltung der Art, viele Männer scheinen davon jedenfalls nicht genug zu kriegen. Sie streunen wie rollige Kater durch den Tag, immer auf der Jagd nach paarungswilligen Frauen. Früher nannte man sie „Schürzenjäger" – scheinbar schwerpunktmäßig auf traditionelle Hausfrauen konzentriert – heute „Womanizer". Um sein Ziel zu erreichen, zieht er oft alle Register der Verführungstechniken. Einer der beliebtesten Jagdplätze ist eine Einrichtung, die offiziell als „Büro" oder „Firma" getarnt, in Wirklichkeit das ultimative Kontakt-Eldorado ist. Nun wäre dieser Trieb des Mannes aus den erwähnten, allgemeinen Motiven grundsätzlich nicht verwerflich, wenn da nicht in der Regel zu Hause eine Frau auf ihn warten würde, der er einst im Taumel der ersten Glückgefühle unnötigerweise ewige Treue geschworen hätte. Und das oft unter Trauzeugen, privat bestellte und persönlich bekannte Personen, die das Ritual des öffentlichen Zweisamkeitsbekenntnisses überwachen und unterschriftlich bestätigen sollen, in der Regel aber seitens des Mannes schnöde Komplizen sind. Auf Vorwürfe antwortet der Womanizer stereotyp: „Zum Sex gehören immer zwei." Also ganz blöd ist er nicht.

Balzende Männchen anderswo

Schweiz

Von März bis August ist die Brunftzeit der Schweizer Männchen, dann holen sie ihre langen Balzrohre raus, um damit die Weibchen aus ihren Bauernhöfen zu blasen. Der Ablauf der Töne folgt uralten Regeln der Lockrituale. Ein langer Ton bedeutet: „Komm raus!" Drei mal kurz geblasen heißt: „Ich wäre bereit!" Und kurz-lang-kurz soll sagen: „Viel Zeit habe ich auch nicht." So verschmelzen Folklore

und Brautwerbung zu einem urigen Brauch, der in der Welt einmalig ist. Nur der kalifornische Tümpelbison stößt auf der Suche nach willigen Weibchen ähnliche Laute aus. Ohne Erfolg. Also auch die männliche Tierwelt ist in der Brautwerbung von Enttäuschungen gezeichnet.

Nordafrika

In den Monaten Januar bis Dezember sieht man das junge tunesische Beachboy-Männchen zur Brautwerbung an den Strand kommen. Generell jagt es die Weibchen im Rudel, wobei immer zwei so genannte „Raucher" dabei sind, die versuchen, die

Umworbene mit betörendem Tabakrauch für sich zu gewinnen. Zur Werbung wechseln die Männchen ihr Outfit, sie tragen dann den blauen bis graublauen Balzstoff und, je nach Erregung, den hochgestellten Kragen, ein klares Signal der Paarungsbereitschaft. Revierkämpfe sind an der Tagesordnung, werden aber von den älteren Beachboy-Männchen schnell mit einer Backpfeife beendet.

Kroatien

Noch nie ist es gelungen, den seltenen Rotweinkopf, eine Spezies von höchster Seltenheit – hier ein prächtiges, altes Exemplar – in seinem Bau zu fotografieren. Er liebt das Halbdunkel und die modrige Säuerlichkeit alter Weinkeller. Charakteristisch für ihn ist das süffelnde Schmatzen und Schlucken, ein Zeichen größten Wohlbefindens. Fachleute vermuten dahinter eine Art von Balzlauten, um weibliche Artgenossen in seinen Bau zu locken und mit seinen vergorenen Traubensäften zu verführen. Dazu reicht er Käse, Schinken und Nüsse, gerne auch frisches Weißbrot. Als typischer Nachtschwärmer ruht er tagsüber. In dieser Zeit brauchen Weibchen an seinen Bau nicht zu hämmern.

Kanada

Der wegen mangelnder Straßen aus Alaska eingewanderte „Highway-Boy" hat in den großzügigen Weiten Kanadas ein neues Revier gefunden. Erst hier kann er seine Vorliebe für weibliche Tramperinnen voll ausspielen. In der Brunftzeit spielt sich vor dem Beobachter immer wieder dasselbe Ritual ab: Der Highway-Boy entschlüpft seinem fahrbaren Panzer und stellt sich aufs Dach. Dort oben vollführt er, kaum dass er am Straßenrand ein Weibchen gesichtet hat, in voller Fahrt die verrücktesten Kapriolen, nur um der Auserwählten zu gefallen. Mitunter gesellen sich noch andere Bewerber hinzu, ein ansonsten seltenes Verhalten unter konkurrierenden Männchen.

Liebe Frauen!

Wie scheues Wild streifen neuerdings Männer der aufgeklärten Generation durch die Supermärkte. Noch ist dieses neue Revier für sie fremd, doch mehr und mehr erschließt sich ihnen wie ein Wunder die Herkunft all der Nahrungsmittel und Alltagsartikel, die sie bislang wie selbstverständlich konsumiert und benutzt haben. Elementare Grundstoffe, die ihnen täglich in kompakter Präsenz in Speisekammer und Kühlschrank die nötige Sicherheit vermittelt haben, dass sie bestens versorgt sind. Bitte, Frauen, lasst sie in dieser neuen, noch unsicheren Rolle nicht alleine! Steht ihnen mit Rat und Tat zur Seite, auch ihr habt das Einkaufen einst mal lernen müssen. Nehmt sie an die Hand und macht ihren Mut ruhig öffentlich. Dann wird ihnen der Supermarkt bald wie ein zweites Zuhause sein.

Wenn der Mann sich bedroht fühlt, googelt er.

Der Mann und sein Männchen

Es gibt ihn im ausgewachsenen Zustand in M, L, XL, XXL, XXXL, letztere Größe, nach meinem flüchtigen Studium der Paarungsakte in den einschlägigen Internetportalen, vorrangig bei Aktivisten aus dem schwarzafrikanischen Lebensraum. Die Rede ist vom männlichen Penis! Dieses extern getragene Organ ist bereits für das männliche Kind ein geschätztes Spielzeug, mit dem es fröhlich und unabhängig herumspielen kann und dem selbst die ausgeschlafene Unterhaltungs- und Vergnügungsindustrie bis heute nichts Vergleichbares entgegenzusetzen hat. In Ermangelung eines vergleichbaren körperlichen Spielzeuges den Frauen einen so genannten „Penisneid" zu unterstellen, wie oft behauptet wird, kann nur dem Hirn eines borniertes Psychologen entstammen.

Mit dem Wachstum dieses Schwellkörpers schwillt beim Mann gleichermaßen auch das Selbstwertgefühl. Als Folge davon dient das Objekt seines Stolzes, mit Vorliebe bei der Zusammenkunft in Männerbünden und Hobbykellern, an Stammtischen oder auf Sportplätzen, überall dort also, wo der Mann sich heiß spricht und die Redepausen mit alkoholischen Getränken kühlt, als Topthema. In der Regel läuft das überwiegend friedlich ab, aber allein die spaßige Bemerkung „Keiner ist kleiner als Rainer seiner" könnte unter ungünstigen Umständen die Stimmung schlagartig wandeln und in eine Massenschlägerei münden. Speziell die Männer aus südländischen Zonen sind bei diesem Thema extrem sensibel und bekanntermaßen höchst erregbar. In ihren Breitengraden spielen die Längengrade noch eine größere Rolle als bei uns. Dieses potente Trommeln mag vielleicht den Eindruck verstärken, dass es sich hier um ein eigenständig funktionierendes Organ handelt, das allein ausgelöst durch weibliche Reize und deren Signale an das männliche Schaltzentrum jederzeit und unabhängig in rüstige Bereitschaft tritt. Das aber ist unter den Frauen ein weit verbreiteter Irrtum. Sie sind wohl erstmal selber genügend mit ihren eigenen Programmen und erotischen Zonen beschäftigt, um sich noch groß den Kopf zu machen, mit welchen Problemen sich der fremdgeschlechtliche Partner herumschlagen mag. Aber das Wissen um die Eigenheiten des Mannes sollte auch für sie zur Vollendung von Liebe und Gemeinsamkeit gehören, drum muss sie wohl oder übel schweren Herzens zur Kenntnis nehmen, dass ER definitiv kein Sexautomat ist, obwohl er sich nach Ansicht vieler häufig so aufführt. Kopf und Penis stehen beim Mann durchaus in sensiblerem Dialog, als man sich das vielleicht heimlich von einem starken Löwen wünscht. Ich persönlich hatte mal im potenten Vorfeld eines sich anbahnenden Liebesaktes von meinem Hirn die unerwartete Anfrage, ob ich denn auch genug Kondome im Haus hätte? Diese Unsicherheit schlich sich quälend durch meinen Leib und als sie meine Körpermitte erreichte, schien es meinen empfindsamen Freund bös zu beleidigen, dass eine solch nüchterne Frage aus der grauen Zellenstation es wagte, störend in sein Revier und in den Zauber des Augenblicks einzudringen, so dass ihm schlagartig jede Lust verging. In solchen Fällen hängt der weitere Erfolg der Aktion dann stark von der Partnerin ab. Sie kann ihn jetzt mit Hohn und Spott überschütten – oder beruhigend, vielleicht auch konstruktiv auf ihn einwirken. Mit dem tröstlichen Satz: „Das war bei deinen Vorgängern auch nicht viel besser", haben viele Frauen in diesem kritischen Moment sehr gute Erfahrungen gemacht.

Männer haben einen schlechten Geschmack. Früher gaben sie vor, der käme vom Rauchen, heute weiß man, er kommt von ganz innen. So obliegt es dem angeborenen Gefühl der Frau für Ästhetik, die richtigen, optischen Entscheidungen zu treffen. Dem Mann ist es sowieso viel wichtiger, ob sein Plasma-Fernseher durch die Tür geht.

Blut Brothers, Kasper Eppelbruse

Zwei Klosterbrüder brechen aus. Was anfängt wie alle Romane von Eppelbruse, geht dann doch überraschende Wege. Die Geschichte von Bruder Wermut und Bruder Lustig ist die Geschichte zweier Männer, die nach gescheiterten Ehen auch in der Selbstfindung versagen und nun versuchen, als freiberufliche Fahrkartenkontrolleure ihrem Leben einen neuen Sinn zu geben. Als Bruder Wermut dann mit der Saaldienerin Uta groß in die Schleppliftbranche einsteigen will, überfällt Bruder Lustig einen Schubverband und versenkt ihn in der Elbmündung. Scheinbar zusammenhanglos laufen diese Schicksale dann nebeneinander her, bis sich die Stränge schlussendlich am Ende wieder verknoten und man wie benommen begreift, wie sehr man doch selbst davon betroffen sein könnte. Uff!
Für 9,95 Euro in jedem guten Tante-Buchladen.

Nur was Wolf will, Lornfield Fleck-Matisch

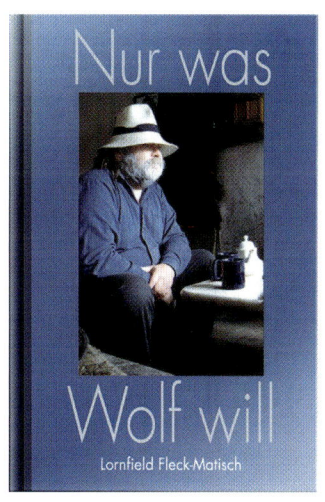

Guter sauerländischer Stil aus der Wortwerkstatt des alten Fleck-Matisch. Das schon mal vorweg. Die Charakterstudie eines alten bretonischen Unterschenkeltätowierers zieht einen von der ersten Zeile an in seinen Bann. Das ist gute Seelenfledderung im Stil des irischen Altmeisters McGonneroe. Was hier fasziniert, ist die erzählerische Leichtigkeit, die einen vergessen lässt, worum es eigentlich geht. Immer wieder aber taucht aus dem sprachlichen Nebel das Bild eines scheuen Mannes auf, zu dem man sich gesellen möchte, um gemeinsam der Frage nachzugehen, welchen tiefen Sinn die irdische Gegenwart des Weibes wohl haben mag. Und wer ist das, der das alles zu verantworten hat? Dieses Buch gibt keine Antworten, es schenkt etwas viel Wichtigeres: dieses Buch macht den Mann menschlich.
Das alles ist seine 12,95 Euro wert.

Männerherz

In Passau, auf der „Mai-Dult", einem alljährlichen großen Zeltfest in der Dreiflüssestadt, das über zehn Tage geht, spielen im Abendprogramm Showbands mit einem zeitgemäßen Repertoire, maßgeschneidert für ein überwiegend junges Publikum. Wie alle Jahre zog es mich dorthin.

Schon am ersten Tag saß ich im brodelnden Bierzelt zwischen fröhlicher Jugend in modischen Dirndln und Lederhosen, die auf ihren wackligen und ächzenden Sitzbänken standen und ausgelassen zur Musik tanzten. Nach zwei kraftvoll gestemmten Bierkrügen spürte ich das drängende Bedürfnis, das durchgelaufene Gebräu wieder von mir zu geben. Ich hatte ordentlich zu schieben und zu drängeln, bis ich endlich die rappelvolle Halle verlassen hatte, dort aber auf einen mächtigen Strom von schwankenden Kerlen stieß, die dem gleichen Bedürfnis nachgingen. Wir alle steuerten gemeinsam den Schildern „WC" nach dem Tiefparterre entgegen, wo sich hinter dem Eingangsschild „Männer" die ersehnten Keramikschüsseln für die urinale Erlösung befanden.

Einige Kerle hatten wohl Angst, dass während ihrer Abwesenheit jemand ihre Maß aussaugen könnte und trugen den kostbaren Glashumpen mit dem schwappenden Festbier eng bei sich. Während des Harnvorgangs harrte er wie ein treuer Schäferhund zu Füßen seines Herrchens. Das gewaltige Aufkommen an Toilettenbenutzern sprengte die ursprüngliche vorgesehene Ordnung, nämlich: Ein Mann = ein Pinkelbecken. Hinter jedem Mussmüsser stand also eine Reihe drängelnder Männer. Jeder von ihnen wartete ungeduldig darauf, sich auch endlich erleichtern zu dürfen. Als ich mich glücklich bis an die zweite Position vorgeschoben hatte, stellte ich fest, dass sich mein Frontmann überhaupt nicht bewegte. Diskret schaute ich über seine Schulter und kam zu dem erstaunlichen Ergebnis, dass der Junge im Vorgang eingeschlafen war. Er stand mit seinem schlaffen Teil in der Hand nach vorne gekippt über dem Urinal, den Kopf an der Fliesenwand – und hatte die Augen fest geschlossen! Zweifelsohne, er schlief. Ich stieß ihn leicht an, er murmelte erschreckt „Sackradi, wos is?" – und schon sprudelte es wieder.

Im Ausgangsbereich saß wie üblich ein „Toilettenmann", heute „WC-Manager" genannt, vor einem kleinen Teller mit Münzen. Was daran so erwähnenswert ist? Der Mann war schwarz! Pechschwarz! Man stelle sich vor, ein Schwarzer mitten in einer Klo-Eingangsschleuse, wo Massen von raubauzigen, besoffenen Kerlen, zum großen Teil aus dem dörflichen Vorland der Stadt kommend, mit vollen Blasen hineinströmten wie die Donau in den Inn. Ich befürchtete, dass, bedingt durch ihre oft isolierte Lebensweise in abgelegenen Höfen oder Dörfern des Bayerischen Waldes, in diesen Köpfen womöglich eine gewisse Neigung zu Fremdenfeindlichkeit vorhanden sein könnte und sich dieser wackere Schwarze folglich in großer Gefahr befand, Zielscheibe von Spott und möglicher Anfeindungen einer enthemmten Meute zu werden. Das ganze Gegenteil war der Fall. Eine schier überwältigende Welle von Fürsorge und Zuneigung ergoss sich über diesen afrikanischen Klowächter. Fast jeder, der an ihm vorbeiging, knuffte oder drückte ihn herzlich, einige legten zum Abschied sogar ihren Kopf auf seine Schulter. Und er genoss es sichtlich, er genoss es sehr. Einer, so konnte ich auf dem Weg nach draußen mitbekommen, wollte erst gehen, wenn er von diesem wackeren Türsteher die verbindliche Bestätigung erhalten würde – und er sollte schwören, bei der Seele all seiner Ahnen – dass das gesamte „Trinkgeld" wirklich ausschließlich für ihn bestimmt sei, nur für ihn, und nicht in den Händen irgendeiner Toiletten-Mafia landete.

Bei meinem dritten Besuch der Urinalanlage erlebte ich dann den Höhepunkt. Ich sah, wie ein selig trunkener, riesiger Bursche in speckigen Krachledernen den Schwarzen zum Abschied sichtlich bewegt an sich presste, als würde der ihn für immer verlassen wollen. Dann bettete er dessen Kopf wie eine Melone in seine riesige Handschüssel und sprach dabei, Stirn an Stirn, Auge in Auge, in liebevollster Klangwärme den unvergleichlichen Satz: „Bleib so, wie du bist!"

Was Männer an Frauen schätzen:

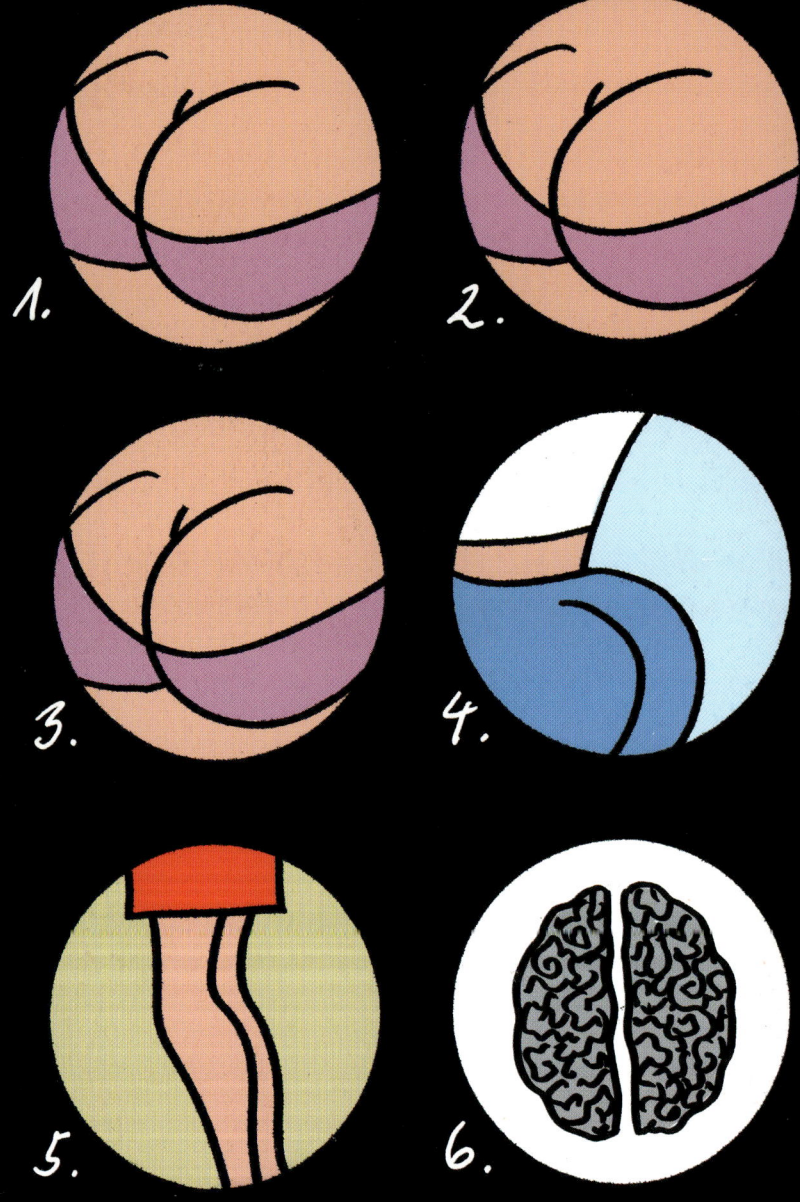

Ohne Worte

Männerfrauen im Jahre 1955

(aus: Housekeeping Monthly, 13. Mai 1955)

- Halten Sie das Abendessen bereit. Planen Sie vorausschauend, evtl. schon am Vorabend, damit die köstliche Mahlzeit rechtzeitig fertig ist. So zeigen Sie ihm, dass Sie an ihn gedacht haben und dass Ihnen seine Bedürfnisse am Herzen liegen. Die meisten Männer sind hungrig, und die Aussicht auf eine warme Mahlzeit gehört zu einem herzlichen Empfang, so wie man ihn braucht.

- Machen Sie sich schick! Gönnen Sie sich 15 Minuten Pause, so dass Sie erfrischt sind, wenn er ankommt. Legen Sie Make-up nach, knüpfen Sie ein Band ins Haar, so dass Sie adrett aussehen. Er war ja schließlich mit einer Menge erschöpfter Leute zusammen.

- Seien Sie fröhlich! Er braucht vielleicht ein wenig Aufmunterung nach einem ermüdenden Tag, und es gehört zu Ihren Pflichten, dafür zu sorgen.

- Räumen Sie auf! Machen Sie einen letzten Rundgang durch das Haus, kurz bevor Ihr Mann kommt.

- Räumen Sie Schulbücher, Spielsachen, Papiere usw. zusammen und säubern Sie mit einem Staubtuch die Tische.

- Während der kälteren Monate sollten Sie für ihn ein Kaminfeuer vorbereiten. Ihr Mann wird fühlen, dass er in seinem Zuhause eine Insel der Ruhe und Ordnung hat, was auch Sie beflügeln wird. Letztendlich wird es Sie unglaublich zufrieden stellen, für sein Wohlergehen zu sorgen.

- Machen Sie die Kinder schick! Kämmen Sie ihr Haar und wechseln Sie ihre Kleidung! Die Kinder sind ihre „kleinen Schätze" und so möchte er sie auch erleben. Vermeiden Sie jeden Lärm. Wenn er nach Hause kommt, schalten Sie die Spülmaschine, Trockner und Staubsauger aus. Ermahnen Sie die Kinder, leise zu sein!

- Seien Sie glücklich, ihn zu sehen!

- Begrüßen Sie ihn mit einem warmen Lächeln und zeigen Sie ihm, wie aufrichtig Sie sich wünschen, ihm eine Freude zu bereiten!

- Hören Sie ihm zu! Sie mögen ein Dutzend wichtiger Dinge auf dem Herzen haben, aber wenn er heimkommt, ist nicht der geeignete Augenblick, darüber zu sprechen. Lassen Sie ihn zuerst erzählen – und vergessen Sie nicht, dass seine Gesprächsthemen wichtiger sind als ihre.

- Der Abend gehört ihm. Beklagen Sie sich nicht, wenn er spät heimkommt oder ohne Sie zum Abendessen oder irgendeiner Veranstaltung ausgeht. Versuchen Sie stattdessen, seine Welt voll Druck und Belastungen zu verstehen. Er braucht es wirklich, sich zu Hause zu erholen.

- Ihr Ziel sollte sein, dass Ihr Zuhause ein Ort voller Frieden, Ordnung und Behaglichkeit ist, wo Ihr Mann Körper und Geist erfrischen kann. Sorgen Sie dafür!

- Begrüßen Sie ihn nicht mit Beschwerden und Problemen.

- Beklagen Sie sich nicht, wenn er spät heimkommt oder selbst wenn er die ganze Nacht ausbleibt. Nehmen Sie dies als kleineres Übel, verglichen mit dem, was er vermutlich tagsüber durchgemacht hat.

- Machen Sie es ihm bequem. Lassen Sie ihn in einem gemütlichen Sessel zurücklehnen oder im Schlafzimmer hinlegen. Halten Sie ein kaltes oder warmes Getränk für ihn bereit!

- Schieben Sie ihm sein Kissen zurecht und bieten Sie ihm an, seine Schuhe auszuziehen. Sprechen Sie mit leiser, sanfter und freundlicher Stimme.

- Fragen Sie ihn nicht darüber aus, was er tagsüber gemacht hat. Zweifeln Sie nicht an seinem Urteilsvermögen oder seiner Rechtschaffenheit. Denken Sie daran: Er ist der Hausherr und als dieser wird er seinen Willen stets mit Fairness und Aufrichtigkeit durchsetzen. Sie haben kein Recht, ihn in Frage zu stellen.

- Eine gute Ehefrau weiß stets, wo ihr Platz ist.

Männer im Grenzbereich der Emotionen

Die starken Frauen

Hinter jedem berühmten Mann steht ein kluges Weib. An Hand von vier welt-
bekannten Mannsbildern möchte ich den Überlebenskampf von vier Frauen be-
wusst machen, die Zeit ihres Lebens im Schatten ihrer Männer gewirkt und ge-
waltet haben und in Wahrheit die wirklichen Quellen all der Worte und Taten
waren, mit denen sich ihre Männer in der Öffentlichkeit eitel schmückten. Die-
sen Frauen wurde kein Denkmal gesetzt, kein Nobelpreis verliehen und nicht
mal eine abgelegene Sackgasse wurde nach ihnen benannt. Sie hießen Alberta
Einstein, Erna Hemingway, Ottilie Lilienthal und Karla Marx. Ihnen möge hier-
mit posthum auf diesen Seiten die verdiente Würdigung zuteil werden.

Alberta Einstein

Alberta war eine Klassenkameradin vom
jungen Einstein. Ohne ihren Nachhilfeunter-
richt in Physik hätte er das Abitur niemals
bestanden, ohne ihre Mettwurstbrote wäre
er glatt verhungert. Aus der Freundschaft
wurde Liebe und während der lebenslustige
Albert sich lieber unter trinkfesten Bruder-
schaften die Kante gab, brütete seine „Stre-
bi", wie er sie zärtlich nannte, derweil zu Hause mit einer Kanne Rosskasta-
nientee über Formeln. Bald kam sie auf die Idee, ihm erst Zugang zu ihrem
Elementarteilchen zu gewähren, wenn er eine Rechenaufgabe löste. So ent-
stand, quasi dank Alberts vitaler Libido, mehr und mehr sein lustvolles Ver-
hältnis für Zeit und Körper, aus dem er dann später seine berühmte Relati-
vitätstheorie entwickelte. Ohne Alberta wäre Albert nur ein Stein im Meer
des Mittelmaßes geblieben. Bei der Verleihung des Nobelpreises wartete
sie mit frisch geschmierten Mettwurstbroten in seiner Garderobe auf ihn.

Ottilie Lilienthal

Von Geburt an war Ottilie von Vögeln und allen flugfähigen Kleinstlebewesen fasziniert. Während andere Kinder mit Fäkalien in den Abwassergräben spielten, hockte Ottilie lieber in Bäumen und half jungen Spechten bei ihren ersten Flugversuchen. In ihrem winzigen Kämmerchen bastelte sie heimlich kleine Flugobjekte, bis sie eines schönen Tages vor den Augen ihre sprachlosen Eltern eine riesige Flugmaschine aus ihrer Kammer schob. Bei ihrem ersten Flugversuch vom nahe gelegenen Kalvarienberg landete sie unsanft in der Kürbisfratzengalerie eines gewissen Otto Lilienthals. Der erkannte sofort das Genie dieser Frau, hielt um ihre Hand an und nahm sich dann gleich den ganzen Rest, speziell ihre Erfindung. Im Verständnis der damaligen Zeit fügte sich Ottilie in die Rolle der Hausfrau und Großobstzüchterin, während Otto in der Öffentlichkeit den begnadeten Flugpionier raushängen ließ. Ottilie starb am Herd.

Karla Marx

Auf einem ausgelassenen Manifest eines Studienfreundes lernte der junge Marx Karla kennen. Sie machte sich zuerst gar nichts aus dem chronisch klammen Akademiker, der sich in die Aufgabe hineingesteigert hatte, Arbeiter davon zu überzeugen, dass sie sich mehr bewegen sollen. Karla war es, die

Karl von dem Vorhaben abhalten konnte, mit einem geplanten Fitnessstudio („Workers Body-Point") an das Kapital der Werktätigen zu kommen. Sie, eine besessene Gerechtigkeitsfanatikerin, verfasste in langen Nächten, während Karl sich noch mit seinen Kumpels in den Gassen kloppte („Wehe dir, du Gassenhauer!"), ein Werk mit dem Titel „Die Kohle". Als sie nach langer, schwerer Krankheit jung verstarb, hatte Karl ihre Arbeit indessen raubgeschrieben und mit dem neuen Titel „Das Kapital" unter seinem Namen Karl Marx veröffentlicht und weltweit Furore gemacht. Im „Museum der Geschichte des dialektischen Materialismus" liegt heute Karlas geliebte Sichel. Hammer, oder?

Erna Hemingway

Erna wurde als zwölfte Tochter eines kubanischen Hochseeanglers in Havanna geboren. Schon als junge Frau fuhr sie mit ihrem Vater auf das Meer. Während der seine Rute ins Meer tunkte, vertrieb sich Erna die Zeit mit dem Schreiben von Kurzgeschichten. Bei einer Kollision mit dem US-amerikanischen Kreuzfahrtschiff „Drunking Writer", Flaggschiff der New Yorker Literatur-Gewerkschaft, fiel ihr der damals noch unbekannte Ernest Hemingway in die Koje. Nach kurzem Widerstand gab er auf und sich beide der Liebe hin. Erna folgte ihm in die Everglades und wurde seine Frau, die er vor der Öffentlichkeit Zeit seines Lebens auf seinem Sumpfgrundstück verborgen hielt. Während er sich in Bars und Bürgerkriegen herumtrieb, schrieb sich Erna für ihn die Finger wund und verstarb schließlich an einer verschleppten Fingerkuppenentzündung. Ernest kassierte kurz danach mit ihrer Arbeit unter seinem Namen den Literatur-Nobelpreis. Na, prima.

Ludger L. aus Hirsau mit seinem Laubsauger SUCK 440, von dem er sagt:
„Der kann mir nur aus meinen kalten, toten Händen entrissen werden."

Männerfreunde

Männerfreunde leben im Schutz der Motorhaube. Schrauben tun sie nur an Maschinen und wünschen sich die gleiche funktionierende Solidität und Robustheit auch in ihren Männerfreundschaften. Schwächen, Ängste oder Zwänge sind dabei tabu, schließlich hat man ein erkämpftes Image zu erhalten. Erst viele Jahre später habe ich z.B. von Frauen erfahren, wie schlecht einige meiner Freunde im Bett waren. Für mich verkörperten sie damals die berstende Männlichkeit. Sicher haben meine Freunde von mir das Gleiche gehört. Frauen können halt auch Spiele spielen.

Für all seine versteckten Schrullen benutzt der Mann zur für ihn schadlosen Vermittlung an seine Kumpels heimlich seine Frau als Vehikel. Ihr Image in seinem Freundeskreis ist ihm dabei egal und dementsprechend oft sehr schlecht. Er der Gute, sie die Böse. Und sie hat keine Ahnung davon, wundert sich oftmals nur, dass sie mit seinen Jungs so schwer warm wird.

Einer meiner alten Freunde, frei von jedem Verdacht, auch nur den geringsten Wert auf Ordnung und Reinlichkeit zu legen, bat mich mal diskret, an seiner Wohnungstür die Schuhe auszuziehen, weil: „Weißt ja, die Weiber feudeln jeder Fliege hinterher. Sie kann dreckige Schuhe ums Verrecken nicht ausstehen." Später stellte sich heraus, dass allein nur er sich manisch an schmutzigen Fußstapfen in seiner blitzsauberen Behausung störte, seine Frau sah das ganz locker. Ein anderer Spezi sprach mich mal eines Tages diskret auf unsere regelmäßigen Kneipenabende an. Mit größtem Bedauern, so erklärte er mir, könne er zukünftig nicht mehr an diesen Treffen teilnehmen, seine Freundin hätte ihm eine wilde Szene gemacht. Wenn er weiterhin so wenig zu Hause sei, dann würde sie ausziehen. „Mann, Alter! Glaubst gar nicht, wie sauer ich bin. Weiberterror, reiner Weiberterror! Aber, Mensch, die haut mir sonst echt ab." Und die Wahrheit? Der Kerl schwächelte!! Der Arzt hatte ihm seine Leberwerte vor die Nase gehalten und geraten, seinen Alkoholkonsum dringend zu mäßigen. Ein befreundeter Architekt, der mir eine Rechnung schrieb, trat nach fünf Wochen behutsam auf mich zu und raunte: „Meine Frau hat mir noch hinterhergerufen, ich möge dich mal an die Kohle erinnern. Mein Gott, du weißt doch, wie verrückt die Weiber hinterm Geld her sind." Ich habe danach sofort bezahlt. Seine Frau hatte in Wirklichkeit kein Wort gesagt. Der Raffzahn meinte später noch, ich würde mich von den Frauen ja wohl ganz schön einschüchtern lassen.

Lappan · Bücher, die Spaß bringen!